D1691167

MIX
Papier aus verantwortungsvollen Quellen
Paper from responsible sources
FSC® C105338

Peter Konz

Die Ursachen des geschlechtsspezifischen Einkommensgefälles

Experimentelle Evidenz

Bachelor + Master
Publishing

Konz, Peter: Die Ursachen des geschlechtsspezifischen Einkommensgefälles: Experimentelle Evidenz, Hamburg, Bachelor + Master Publishing 2013
Originaltitel der Abschlussarbeit: Die Ursachen des geschlechtsspezifischen Einkommensgefälles: Experimentelle Evidenz

Buch-ISBN: 978-3-95684-006-7
PDF-eBook-ISBN: 978-3-95684-506-2
Druck/Herstellung: Bachelor + Master Publishing, Hamburg, 2013
Covermotiv: © Kobes · Fotolia.com
Zugl. Universität Ulm, Ulm, Deutschland, Bachelorarbeit, 2011

Bibliografische Information der Deutschen Nationalbibliothek:
Die Deutsche Nationalbibliothek verzeichnet diese Publikation in der Deutschen Nationalbibliografie; detaillierte bibliografische Daten sind im Internet über http://dnb.d-nb.de abrufbar.

Das Werk einschließlich aller seiner Teile ist urheberrechtlich geschützt. Jede Verwertung außerhalb der Grenzen des Urheberrechtsgesetzes ist ohne Zustimmung des Verlages unzulässig und strafbar. Dies gilt insbesondere für Vervielfältigungen, Übersetzungen, Mikroverfilmungen und die Einspeicherung und Bearbeitung in elektronischen Systemen.

Die Wiedergabe von Gebrauchsnamen, Handelsnamen, Warenbezeichnungen usw. in diesem Werk berechtigt auch ohne besondere Kennzeichnung nicht zu der Annahme, dass solche Namen im Sinne der Warenzeichen- und Markenschutz-Gesetzgebung als frei zu betrachten wären und daher von jedermann benutzt werden dürften.

Die Informationen in diesem Werk wurden mit Sorgfalt erarbeitet. Dennoch können Fehler nicht vollständig ausgeschlossen werden und die Diplomica Verlag GmbH, die Autoren oder Übersetzer übernehmen keine juristische Verantwortung oder irgendeine Haftung für evtl. verbliebene fehlerhafte Angaben und deren Folgen.

Alle Rechte vorbehalten

© Bachelor + Master Publishing, Imprint der Diplomica Verlag GmbH
Hermannstal 119k, 22119 Hamburg
http://www.diplomica-verlag.de, Hamburg 2013
Printed in Germany

Inhaltsverzeichnis

Abbildungsverzeichnis III

Tabellenverzeichnis IV

Abkürzungsverzeichnis V

1. Einleitung 1

2. Die aktuelle Lage in Deutschland 2

2.1 Strukturelle Merkmale des Gender Pay Gap 2

    2.1.1 Alter und Bildung 3

    2.1.2 Berufserfahrung und Unternehmensgröße 4

    2.1.3 Berufs- und Branchenwahl 5

    2.1.4 Berufliche Position 6

    2.1.5 Arbeitszeitmodell und Arbeitsvertrag 7

    2.1.6 Familienbedingte Erwerbsunterbrechung 8

    2.1.7 Ost-West-Vergleich 9

2.2 Vom unbereinigten zum bereinigten Gender Pay Gap 10

2.3 Deutschland im internationalen Vergleich 10

3. Experimentelle Untersuchungen 12

3.1 Vergleich zweier ethnisch verschiedener Kulturen 12

    3.1.1 Die beiden Bevölkerungsgruppen 12

    3.1.2 Der Aufbau des Experiments 13

    3.1.3 Ergebnisse 14

    3.1.4 Robustheitstests 17

    3.1.5 Abschließende Bemerkungen 18

3.2 Das Verhalten von Frauen und Männern im Wettstreit **18**
   3.2.1 Der Aufbau des Experiments 19
   3.2.2 Einfluss der Leistungsfähigkeit auf die Wahl der Bezahlung 20
   3.2.3 Einfluss der relativen Selbsteinschätzung auf die Wahl der Bezahlung 21
   3.2.4 Turnierspezifische Faktoren 23
   3.2.5 Wahl der Bezahlung ohne Turniercharakter 23
   3.2.6 Abschließende Bemerkungen 24

3.3 Die Wahl der Vergütung bei fixer Alternativzahlung **25**
   3.3.1 Der Aufbau des Experiments 25
   3.3.2 Zusammenhang zwischen Produktivität und Wahl der Bezahlung 27
   3.3.3 Bedeutung der relativen Selbsteinschätzung und Risikoneigung 28
   3.3.4 Geschlechtsspezifische Unterschiede 29
   3.3.5 Marginale Entscheidungen und Anstrengungen während des Tests 29
   3.3.6 Abschließende Bemerkungen 30

4. Schlussbemerkungen 31

Literaturverzeichnis 33

Abbildungsverzeichnis

2.1: Gender Pay Gap differenziert nach Altersklassen 3

2.2: Gender Pay Gap differenziert nach dem Ausbildungsabschluss 4

2.3: Durchschnittliches Einkommen nach Berufserfahrung und Geschlecht 5

2.4: Gender Pay Gap differenziert nach der Leistungsgruppe 7

2.5: Kindbedingte Erwerbsunterbrechungen 2006 8

2.6: Gender Pay Gap differenziert nach Bundesländern 9

2.7: Geschlechtsspezifisches Verdienstgefälle in der EU (unbereinigt), 2009 .. 11

3.1: Anteil an Teilnehmern, die sich für Turnier entscheiden
(nach Leistungs-Quartilen) 21

3.2: Anteil an Teilnehmern, die sich für Turnier entscheiden
(nach Quartilen bezüglich der geschätzten Platzierung) 22

Tabellenverzeichnis

2.1: Bruttojahresverdienste 2006 und ihre Verteilung nach dem Geschlecht 6

3.1: Wahl der Bezahlung und Erfolg 15

3.2: Ergebnisse der Regression 16

3.3: Verteilung der geschätzten Platzierungen 22

3.4: Der Aufbau des Experiments 25

3.5: Mögliche Wahl der Bezahlung in Runde 6 26

3.6: Einflussfaktoren auf Wahl der Bezahlung 28

Abkürzungsverzeichnis

A

Abs.	Absatz
Art.	Artikel

B

bzw.	beziehungsweise
BMFSFJ	Bundesministerium für Familie, Senioren, Frauen und Jugend

E

et al.	und andere
EG	Europäische Gemeinschaft
EU	Europäische Union

G

GPG	Gender Pay Gap

P

Pkte.	Punkte

V

Vgl.	Vergleiche

Z

z.B.	zum Beispiel

1. Einleitung

Trotz aller Versuche, Frauen auf dem Arbeitsmarkt die gleichen Chancen wie Männern zu gewähren, sind sie in vielerlei Hinsicht noch stark benachteiligt. Dies spiegelt sich unter anderem an dem relativ hohen geschlechtsspezifischen Einkommensunterschied in Deutschland von durchschnittlich 23% wider. Wodurch sich der davon strukturell bedingte Anteil von zwei Dritteln erklären lässt, wird im ersten Teil dieser Arbeit diskutiert. Dabei spielen persönliche Faktoren wie Alter, Bildung oder Berufswahl eine wichtige Rolle. Wir stellen jedoch fest, dass Frauen mit gleicher Humankapitalausstattung wie Männer im Schnitt einen immer noch um 8% niedrigeren Lohn erhalten. Danach wird auf die im internationalen Vergleich relativ schlechte Platzierung Deutschlands in Bezug auf den Gender Pay Gap eingegangen.

Der zweite experimentelle Teil der Arbeit untergliedert sich in drei verschiedene Versuchsanordnungen, in welchen sich Probanden für eine leistungs- oder wettbewerbsabhängige Bezahlung entscheiden müssen. Zu Beginn werden zwei kulturell sehr verschiedene Gesellschaften betrachtet, bei denen die Frau unterschiedlich hohe Anerkennung genießt und letztendlich die Wahl der Vergütung bei weiblichen Teilnehmern zwischen den Volksgruppen stark variiert. Das zweite mathematische Experiment diskutiert diese Thematik unabhängig von speziellen kulturellen Ausprägungen und beschreibt den Einfluss von Faktoren wie Leistungsfähigkeit, relativer Selbsteinschätzung, oder turnierspezifischer Gegebenheiten auf die Wahl der Versuchspersonen. Ein dritter Test erweitert die möglichen Auszahlungsmethoden um einen Fixbetrag, den die Teilnehmer unabhängig von ihrer erbrachten Leistung wählen können. Teilweise haben einige Einflussgrößen ähnliche Effekte auf das individuelle Verhalten wie in den Experimenten zuvor, manche davon wirken sich aber in anderer Weise auf die Entscheidungen verschiedener Personen aus.

Abschließend sollen die gewonnenen Erkenntnisse nochmals zusammengefasst werden und einen Aufschluss darüber geben, was zur Verbesserung der Einkommenssituation zwischen Frauen und Männern unternommen werden kann.

2. Die aktuelle Lage in Deutschland

„Männer und Frauen sind gleichberechtigt. Der Staat fördert die tatsächliche Durchsetzung der Gleichberechtigung von Frauen und Männern und wirkt auf die Beseitigung bestehender Nachteile hin."[1] Ob im Grundgesetz, im Allgemeinen Gleichbehandlungsgesetz oder sogar in europaweit geltenden Artikeln[2], an der rechtlichen Grundlage zur Gleichstellung von Frauen und Männern fehlt es in Deutschland nicht. Auch die SPD-Bundestagsfraktion hat dieses Jahr einen Entwurf für ein Entgeltgleichheitsgesetz eingereicht.[3] Dass es bisher aber dennoch an der Durchsetzung derartiger Angleichungsversuche, speziell was die Bezahlung angeht, scheitert, zeigt ein deutlich niedrigeres Durchschnittseinkommen von Frauen gegenüber Männern. Dieser Teil der Arbeit soll zeigen, womit sich der Einkommensunterschied erklären lässt und inwiefern auch nach einigen untersuchten Einflussfaktoren Unklarheiten über die Gründe für das Missverhältnis bestehen bleiben.[4]

2.1 Strukturelle Merkmale des Gender Pay Gap

Gemessen wird das Einkommensdefizit der Frauen gegenüber Männern am sogenannten Gender Pay Gap. Dieser Indikator richtet sich nach den durchschnittlichen Bruttostundenverdiensten und beträgt in Deutschland seit mehreren Jahren konstant 23%, wobei Frauen im Schnitt 13,91 Euro und Männer 17,99 Euro pro Stunde verdienen. Als Grundlage zur Berechnung dient die vom Statistischen Bundesamt durchgeführte Verdienststrukturerhebung aus dem Jahr 2006 mit Angaben zu mehr als drei Millionen Beschäftigten unter Berücksichtigung von zahlreichen individuellen Merkmalen. Ausgewertet werden die vorliegenden Daten unter anderem mit der Oaxaca-Blinder-Dekomposition, ein wissenschaftliches Verfahren zur Bestimmung von Diskriminierung am Arbeitsmarkt.[5] Die daraus resultierenden Ergebnisse lassen erkennen, dass sich knapp zwei Drittel des Lohngefälles aus strukturellen Unterschieden zwischen

---

[1] Grundgesetz für die Bundesrepublik Deutschland: Art. 3, Abs. 2
[2] Vgl. z.B. Art. 3, Abs. 2 oder Art. 141 EG-Vertrag
[3] Vgl. Deutscher Bundestag (2011), Drucksache 17/5038
[4] Vgl. zu Kapitel 2.1 – 2.3: BMFSFJ (2008), BMFSFJ (2009a), Statistisches Bundesamt (2010)
[5] Vgl. Köhn et al. (2007)

den Geschlechtergruppen ergeben. Das verbleibende Drittel stellt dabei den unerklärten Teil des Verdienstunterschieds dar und wird am Ende des Kapitels nochmals aufgegriffen. Nun sollen aber einige Ausstattungseffekte, also Eigenschaften von Frauen und Männern, die den (unbereinigten) Gender Pay Gap in unterschiedlicher Weise beeinflussen, diskutiert werden.

2.1.1 Alter und Bildung

Während sich bei der Altersstruktur der beschäftigten Frauen und Männer keine auffallenden Unterschiede ergeben, sind jedoch in Bezug auf die Bezahlung verschiedener Altersgruppen erhebliche geschlechtsspezifische Differenzen auszumachen. Aus Abbildung 2.1 lässt sich ein mit dem Alter der Beschäftigten kontinuierlich wachsender Einkommensunterschied entnehmen. So beläuft sich die Lohnlücke bei Arbeitnehmern bis 24 Jahren auf lediglich zwei Prozent, steigt dann für Beschäftigte Ende 30 um etwa das Zehnfache und übertrifft in den Folgejahren stets den durchschnittlichen Gender Pay Gap. Unter anderem spielt hier die später angesprochene Familiengründungsphase ab etwa 30 Jahren eine wichtige Rolle.

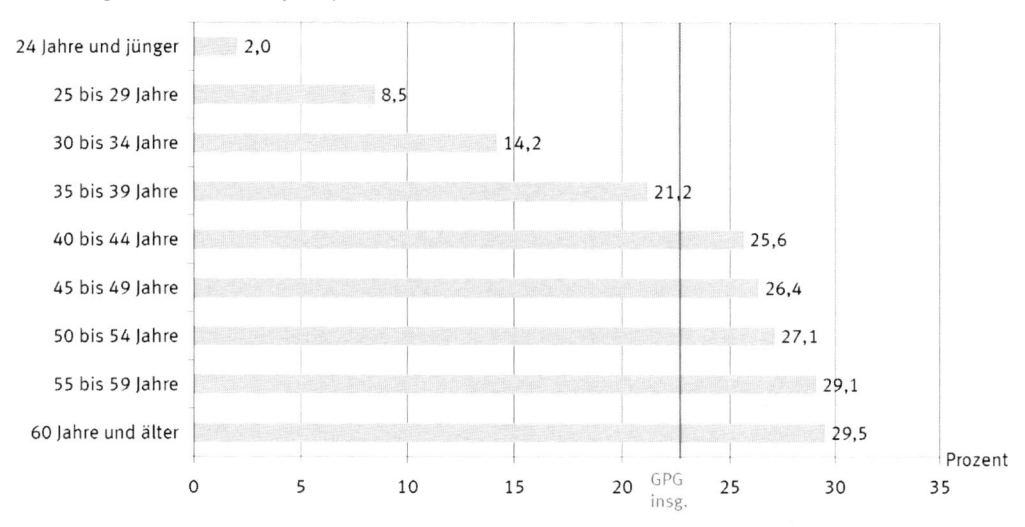

Abbildung 2.1: Gender Pay Gap differenziert nach Altersklassen[6]

Altersklasse	Prozent
24 Jahre und jünger	2,0
25 bis 29 Jahre	8,5
30 bis 34 Jahre	14,2
35 bis 39 Jahre	21,2
40 bis 44 Jahre	25,6
45 bis 49 Jahre	26,4
50 bis 54 Jahre	27,1
55 bis 59 Jahre	29,1
60 Jahre und älter	29,5

Was die Bildung und Ausbildung in Deutschland betrifft, konnten die Frauen ihren 2006 noch bestehenden Rückstand gegenüber Männern nicht nur aufholen, sondern haben sogar begonnen, die Männer bei den Bildungsabschlüssen

---

[6] Quelle: Statistisches Bundesamt (2010)

zu überholen. So haben 44,4% der Männer im Alter von 45 Jahren und älter einen Hochschulabschluss, etwas mehr als die gleichaltrigen Frauen mit 41,5%. Anders sieht es da bei den Arbeitnehmern unter 30 Jahren aus. Hier erreichen deutlich weniger Menschen einen Hochschulabschluss: Männer stehen mit 7,9% im Schatten der Frauen, die 14,4 Prozentpunkte erzielen. Diese Entwicklung bedeutet aber nicht unbedingt eine Verbesserung der Einkommenssituation der Frauen, da der geschlechtsspezifische Verdienstunterschied stark positiv mit der Anzahl an Hochschulabschlüssen korreliert. Abbildung 2.2 zeigt einen sehr niedrigen Gender Pay Gap für Arbeitnehmer ohne Berufsausbildung, teilweise durch begrenzte Karrierechancen begründet, und einen überdurchschnittlichen Indexwert für Hochschulabsolventen.

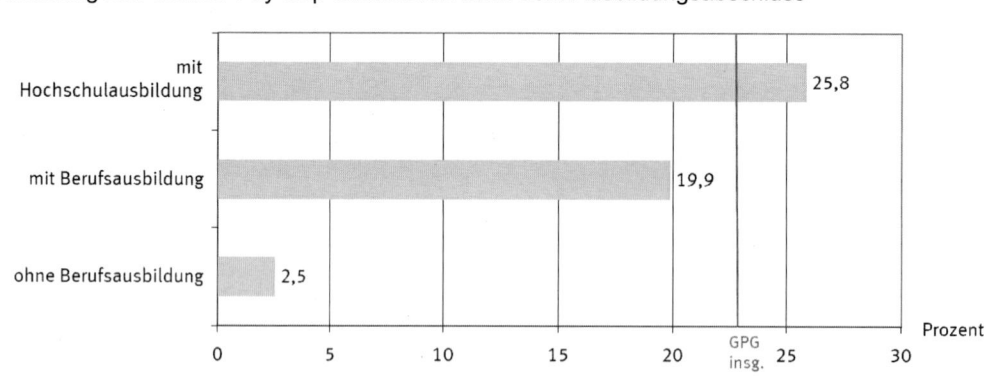

Abbildung 2.2: Gender Pay Gap differenziert nach dem Ausbildungsabschluss[7]

Ausbildung	Prozent
mit Hochschulausbildung	25,8
mit Berufsausbildung	19,9
ohne Berufsausbildung	2,5

2.1.2 Berufserfahrung und Unternehmensgröße

Auch die bisherige Berufserfahrung und die Größe des Unternehmens, bei dem die Arbeitnehmer beschäftigt sind, beeinflussen das Lohngefälle in erheblichem Maße. Bei Berufsanfängern zeichnet sich ein niedriger Gender Pay Gap ab, nicht zuletzt weil diese Beschäftigungsgruppe zur Hälfte aus unter 30-Jährigen besteht und zu Beginn der Karriere die geringsten Schwankungen bezüglich der Leistungsgruppe vorzufinden sind. Jedoch beträgt das Einkommensdefizit der Frauen auch hier schon mehr als 18%. Wie in Abbildung 2.3 zu sehen ist, klafft das durchschnittliche Einkommen von Frauen und Männern mit den Dienstjahren zunehmend auseinander.

---

[7] Quelle: Statistisches Bundesamt (2010)

Abbildung 2.3: Durchschnittliches Einkommen nach Berufserfahrung und Geschlecht[8]

in €

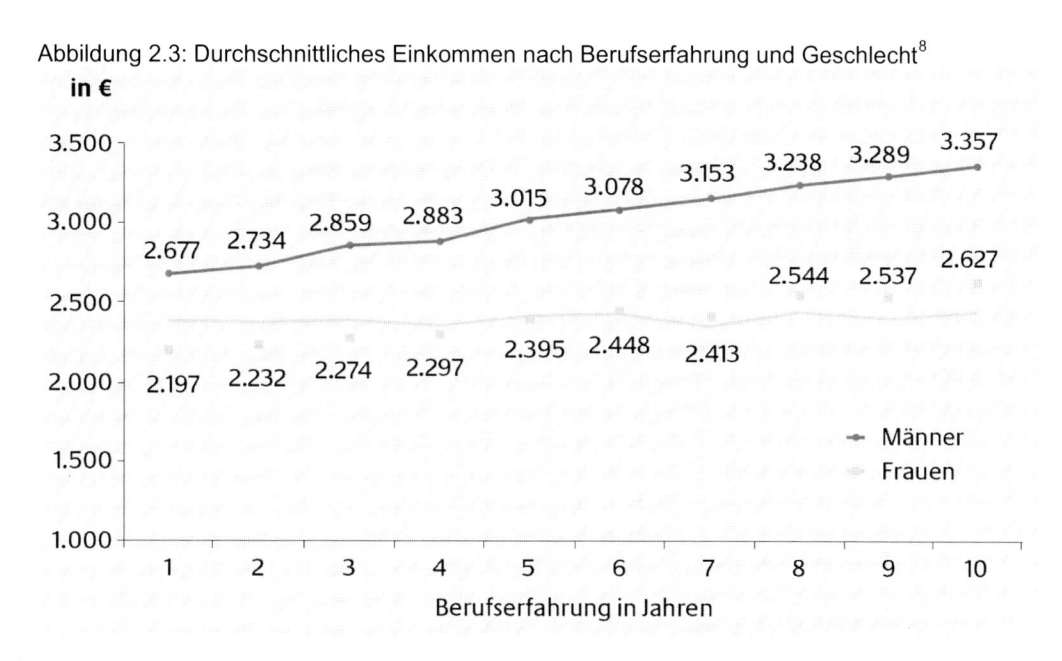

Berufserfahrung in Jahren	1	2	3	4	5	6	7	8	9	10
Männer	2.677	2.734	2.859	2.883	3.015	3.078	3.153	3.238	3.289	3.357
Frauen	2.197	2.232	2.274	2.297	2.395	2.448	2.413	2.544	2.537	2.627

Bezieht man in die Untersuchungen zusätzlich noch die Unternehmensgröße mit ein, können weitere Schlussfolgerungen gezogen werden. Grundsätzlich lässt sich sagen, dass das Einkommensdefizit der Frauen bei größeren Unternehmen höher ausfällt. Lediglich bei Berufsanfängern bleibt der relative Rückstand auch bei verschiedenen Betriebsgrößen weitgehend gleich. Nur der absolute Gehaltsunterschied vergrößert sich, da die Bezahlung bei zunehmender Unternehmensgröße meist steigt.

2.1.3 Berufs- und Branchenwahl

Häufig ist zu beobachten, dass Frauen und Männer einem Beruf nachgehen, der sehr typisch für das jeweilige Geschlecht ist. Dabei wählen Frauen aus einem vergleichsweise kleinen Berufsspektrum vorwiegend Tätigkeiten als Büroangestellte, Verkäuferin, Reinigungskraft oder Aufgaben im Sozialwesen mit meist niedriger Bezahlung. Auf der anderen Seite konzentrieren sich Männer auf Berufe mit relativ hohen Verdienstmöglichkeiten, bevorzugt technische Arbeiten. Diese ungleichmäßige Verteilung von Frauen und Männern über die verschiedenen Branchen wird auch als horizontale Segregation bezeichnet und hat einen starken Einfluss auf den Gender Pay Gap. Die folgende Tabelle 2.1,

---

[8] Quelle: BMFSFJ (2008)

ein Auszug aus einigen geschlechtstypischen Berufen, zeigt genau diesen Effekt.

Tabelle 2.1: Bruttojahresverdienste 2006 und ihre Verteilung nach dem Geschlecht[9]

Berufsgruppen	Bruttojahresverdienst[1]	Anteil der Männer in dieser Berufsgruppe[2]	Anteil der Frauen in dieser Berufsgruppe[2]
	Euro	in %	
Ausgewählte Berufe mit hohen Verdiensten			
Geschäftsführer/-in, Geschäftsbereichsleiter/-in	91 180	81,5	18,5
Rechtsvertreter/-in, Rechtsberater/-in	82 161	63,9	36,1
Luftverkehrsberufe	77 683	78,1	21,9
Unternehmensberater/-in, Organisator/-in	76 240	71,4	28,6
Angestellte(r) Arzt/ Ärztin	75 733	59,6	40,4
Chemiker/-in, Chemieingenieur/-in	75 065	78,1	21,9
Ausgewählte Berufe mit niedrigen Verdiensten			
Friseur/-in	15 787	9,2	90,8
Wäscher/-in, Plätter/-in	20 323	18,7	81,3
Glas-, Gebäudereiniger/-in	21 317	43,8	56,2
Raumpfleger/-in	21 516	15,7	84,3
Hauswirtschaftliche(r) Betreuer/-in	21 685	5,7	94,3
Fleisch-, Wurstwarenhersteller/-in	23 333	64,7	35,3

1) Die Bruttojahresverdienste beziehen sich auf vollzeitbeschäftigte Arbeitnehmer/-innen. - 2) Die Verteilung nach dem Geschlecht bezieht alle Arbeitnehmer/-innen ein.

2.1.4 Berufliche Position

Im Hinblick auf die Arbeitsplatzanforderungen lässt sich erkennen, dass deutlich mehr Männer als Frauen in einer leitenden Stellung tätig sind. Sie besetzen etwa drei Viertel aller Führungspositionen und werden meist besser bezahlt als weibliche Beschäftigte mit vergleichbarer Verantwortung. Somit kann von einer vertikalen Segregation gesprochen werden, die die Einkommensdifferenz zwischen den Geschlechtern weiter vergrößert. Verstärkt wird dieser Effekt zusätzlich dadurch, dass Frauen seltener als Männer Gratifikationen, Sonderzahlungen oder Prämien erhalten. Abbildung 2.4 verdeutlicht, dass der Gender Pay

---

[9] Quelle: Statistisches Bundesamt (2008)

Gap bei höheren Leistungsgruppen steigt und für ungelernte Beschäftigte, bei denen Frauen überrepräsentiert sind, am niedrigsten ausfällt.

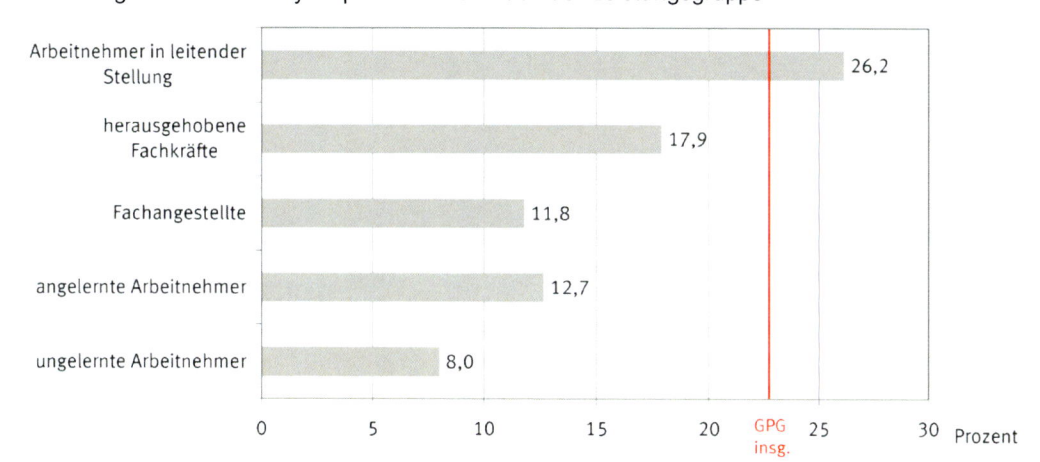

Abbildung 2.4: Gender Pay Gap differenziert nach der Leistungsgruppe[10]

Leistungsgruppe	Prozent
Arbeitnehmer in leitender Stellung	26,2
herausgehobene Fachkräfte	17,9
Fachangestellte	11,8
angelernte Arbeitnehmer	12,7
ungelernte Arbeitnehmer	8,0

2.1.5 Arbeitszeitmodell und Arbeitsvertrag

Betrachtet man zunächst die Arbeitszeiten, fällt eine starke Ungleichverteilung zwischen Männern und Frauen auf. Unter den männlichen Arbeitnehmern gibt es 80% Vollzeitbeschäftigte, wohingegen gerade einmal 44% der Frauen in Vollzeit arbeiten. Umgekehrt sind nur 9% der Männer in Teilzeit und geringfügiger Beschäftigung angestellt, bei den Frauen sind es dagegen 45%. Am größten fällt der Verdienstunterschied bei der Vollzeitbeschäftigung aus. Hier erzielen Frauen ein um etwa 20% niedrigeres Einkommen als Männer. Der Gender Pay Gap sinkt dann bei Arbeitnehmern in Teilzeit auf 6,5% und geringfügig beschäftigte Frauen verdienen sogar 3,3% mehr als die männliche Vergleichsgruppe.

Auch die Art des Arbeitsvertrags wirkt sich auf die Lohndifferenz aus. Der Großteil aller Verträge zwischen Arbeitgebern und Arbeitnehmern ist in Deutschland unbefristet. Statistisch gesehen haben Männer mit einem unbefristeten Vertrag eine höhere Qualifikation als Frauen in einem entsprechenden Arbeitsverhältnis und umgekehrt sind Frauen mit einem befristeten Arbeitsvertrag höher qualifiziert als die jeweiligen Männer. Dies trägt unter anderem dazu bei, dass sich der Gender Pay Gap bei unbefristeten Arbeitsverträgen auf 23,8% und bei befristeten auf 8,7% beläuft.

---

[10] Quelle: Statistisches Bundesamt (2010)

2.1.6 Familienbedingte Erwerbsunterbrechung

Bei der Geburt ihres ersten Kindes sind Frauen in Deutschland im Schnitt 30 Jahre alt. Aus Abbildung 2.5 lässt sich schließen, dass eine Erwerbsunterbrechung der Frauen von bis zu 3 Jahren die Regel darstellt, wobei Männer ihre Karriere so gut wie nie aufgrund ihres Nachwuchses unterbrechen.

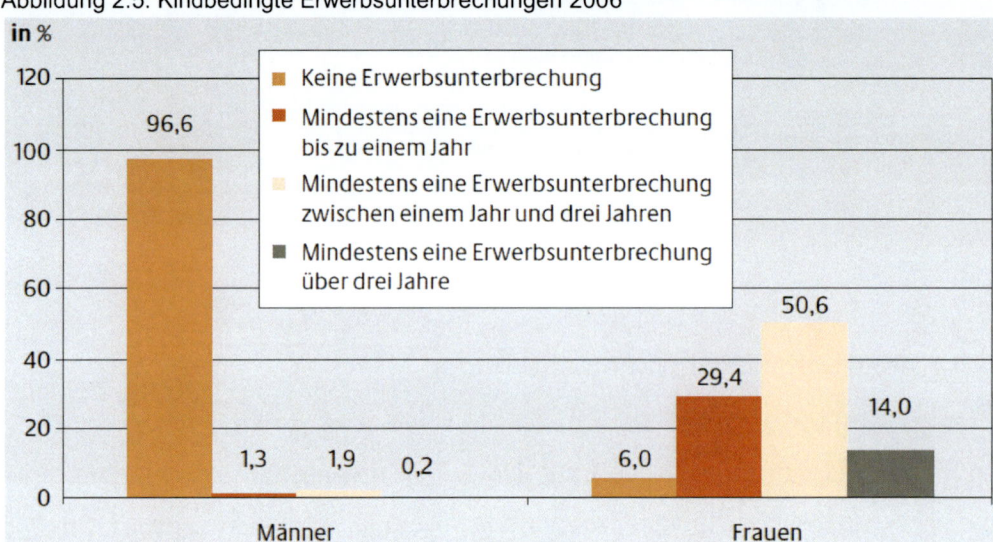

Abbildung 2.5: Kindbedingte Erwerbsunterbrechungen 2006[11]

Während der Elternzeit der Frauen können sich die Männer in Bezug auf Einkommen und Qualifikation einen nicht unerheblichen Vorsprung erarbeiten. Frauen verpassen dabei mögliche Beförderungen und verlieren einige Berufsjahre. Mit der Länge der Auszeit verschlechtern sich außerdem ihre Einkommensperspektiven und der stetige technische Fortschritt erschwert den Wiedereinstieg zusätzlich. Nach ihrer Rückkehr arbeiten Frauen meistens erst in Teilzeit und sind bemüht, Familie und Beruf bestmöglich zu vereinen, machen deshalb auch oft Abstriche bei ihrem Gehalt. Dabei steht ihnen ein in Deutschland relativ eingeschränktes Angebot an Kinderbetreuung, speziell auch was Ganztagsplätze angeht, im Weg. Dies spiegelt sich auch am sehr niedrigen Anteil an Müttern in Führungspositionen (rund 43% aller Frauen) wider.

---

[11] Quelle: BMFSFJ (2009a)

2.1.7 Ost-West-Vergleich

Bemerkenswert sind die Zahlen für den Gender Pay Gap bei einem Vergleich der alten und neuen Bundesländer. Allgemein verdienen Beschäftigte im Osten weniger als im Westen, jedoch macht dieser Unterschied bei Männern 45% und bei Frauen nur 17% aus. Daraus resultiert ein in Ostdeutschland sehr geringer geschlechtsspezifischer Einkommensunterschied von 6% im Vergleich zu 24% im Westen. Dafür gibt es mehrere Gründe. Zum einen sind im Vergleich zu den alten Bundesländern im Osten mehr Frauen beschäftigt und belegen öfter Vollzeitstellen. Zum anderen arbeiten sie dort vermehrt in größeren Unternehmen, haben durchschnittlich ein höheres Dienstalter und sind ähnlich oft in Führungspositionen anzutreffen wie Männer. Auch der Anteil an Akademikerinnen ist im Osten größer und entgegen den Ergebnissen aus Kapitel 2.1.2 verringert sich der Verdienstabstand von Frauen und Männern sogar mit zunehmender Berufserfahrung. Aufgespalten nach den einzelnen Bundesländern reflektiert Abbildung 2.6 diese Besonderheiten nochmals.

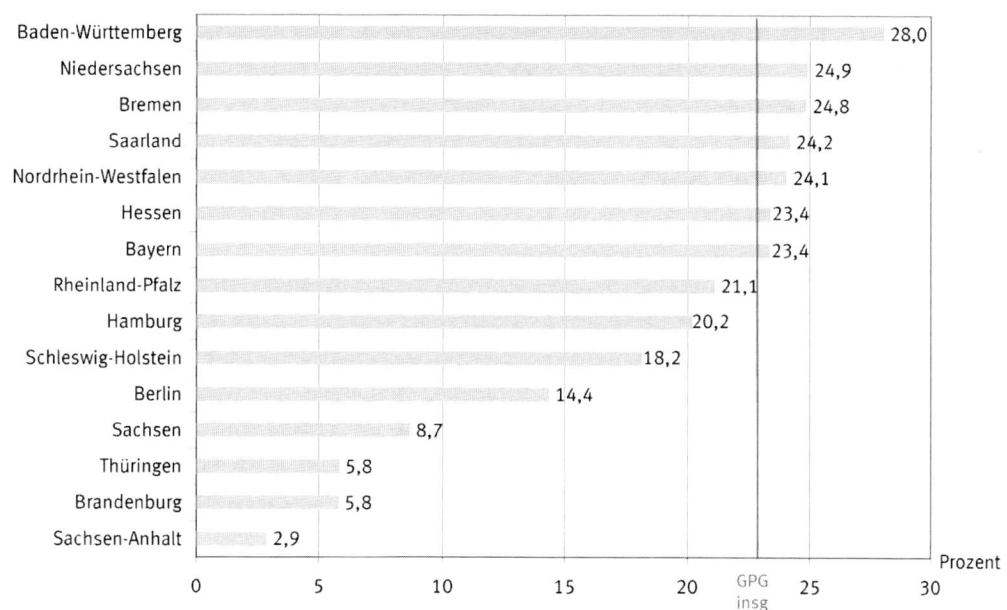

Abbildung 2.6: Gender Pay Gap differenziert nach Bundesländern[12]

Bundesland	Gender Pay Gap (%)
Baden-Württemberg	28,0
Niedersachsen	24,9
Bremen	24,8
Saarland	24,2
Nordrhein-Westfalen	24,1
Hessen	23,4
Bayern	23,4
Rheinland-Pfalz	21,1
Hamburg	20,2
Schleswig-Holstein	18,2
Berlin	14,4
Sachsen	8,7
Thüringen	5,8
Brandenburg	5,8
Sachsen-Anhalt	2,9

---

[12] Quelle: Statistisches Bundesamt (2010)

2.2 Vom unbereinigten zum bereinigten Gender Pay Gap

Nachdem nun einige Einflussfaktoren auf die Einkommen von Frauen und Männern grob diskutiert wurden, können Rückschlüsse gezogen werden, welcher Teil des Gender Pay Gap letztendlich unerklärt bleibt und somit Lohndiskriminierung im eigentlichen Sinne darstellt. Natürlich gibt es noch unzählige weitere strukturelle Merkmale, deren Abhandlung jedoch den Rahmen dieser Arbeit sprengen würde. Festhalten lassen sich jedoch die Hauptursachen der ungleichen Einkommensverteilung von Frauen und Männern: die geschlechtsspezifische Branchenwahl, Zugehörigkeit einer bestimmten Leistungsgruppe, Erwerbsunterbrechungen sowie das Arbeitszeitmodell. Die um diese und einige weitere beobachtbare Größen bereinigte Lohnlücke zwischen Frauen und Männern beträgt etwa 8%. Das bedeutet also, dass Frauen mit derselben Humankapitalausstattung wie Männer für die gleiche Arbeit ein um 8% geringeres Entgelt erhalten, was als Gruppeneffekt bezeichnet wird.

Im Osten haben die beschriebenen Ursachen für das Einkommensdefizit der Frauen eine schwächere Ausprägung, sodass sich der bereinigte Wert auch hier dem im Westen annähert. Problematisch bei der Analyse der behandelten Variablen ist sicherlich, dass diese sowohl untereinander als auch mit dem Geschlecht korrelieren, was das Gesamtergebnis durchaus verfälschen kann. Des Weiteren könnte der bereinigte Gender Pay Gap durch Einbeziehung weiterer geschlechtsspezifischer Faktoren noch verringert werden.

2.3 Deutschland im internationalen Vergleich

Vergleicht man Deutschland mit den anderen EU-Mitgliedstaaten, so stellt man fest, dass die Bundesrepublik zu den Ländern mit dem höchsten Lohnabstand zwischen Frauen und Männern gehört. Wie in Abbildung 2.7 zum Ausdruck kommt, verdienen in allen untersuchten Ländern im Schnitt Männer mehr als Frauen. Deutschland liegt dabei deutlich über dem EU-Durchschnitt von rund 17% und wird nur von Österreich, Tschechien und Estland übertroffen. Man muss aber beachten, dass der Anteil an erwerbstätigen Frauen die Statistik in großem Ausmaß beeinflusst. Beispielsweise fällt dieser in Malta mit weniger als 40% besonders gering aus. In Deutschland sind verglichen mit dem europäischen Durchschnitt etwas mehr Frauen beschäftigt.

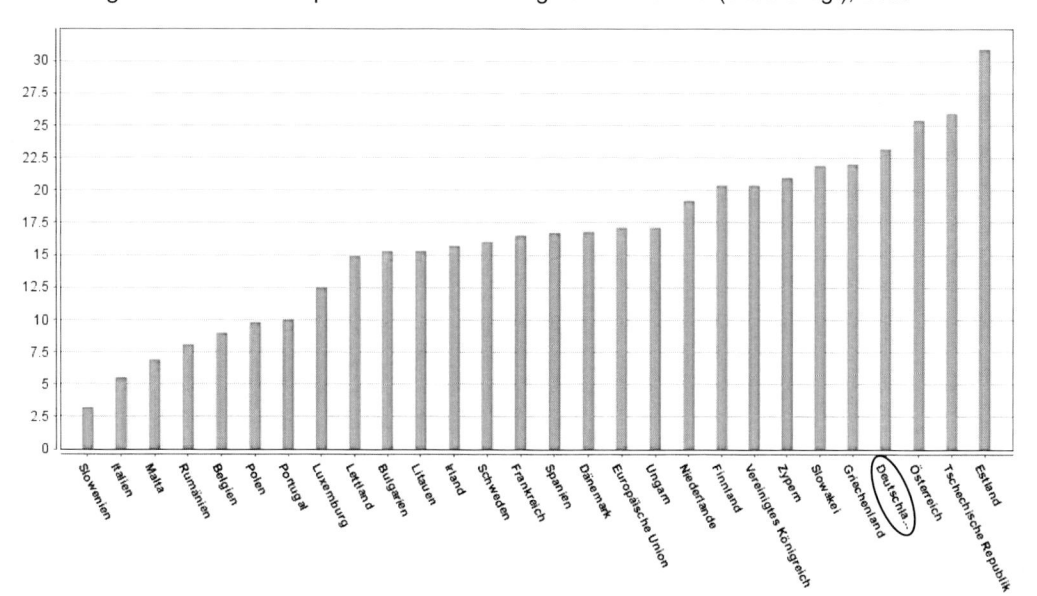

Abbildung 2.7: Geschlechtsspezifisches Verdienstgefälle in der EU (unbereinigt), 2009[13]

Auch wenn die Europäische Kommission zu einer gemeinsamen Überwindung von Entgeltungleichheit auffordert, muss jeder Staat aufgrund von individuellen Strukturmerkmalen zuerst eine eigene Strategie zur Verbesserung der Einkommenssituation entwickeln. So haben die skandinavischen Länder bereits in Sachen Kinderbetreuung einen Vorsprung, was die Erwerbsunterbrechungen von Frauen erheblich reduziert. Schweden, Finnland und Frankreich regelten die Gleichstellung der Frauen auch schon über Gesetze oder besondere Tarifvereinbarungen.

---

[13] Quelle: Eurostat (2011), Werte für Belgien und Griechenland aus 2008 und Estland aus 2007

3. Experimentelle Untersuchungen

Was in den bisherigen Untersuchungen noch keine Beachtung fand, ist die Bereitschaft von Frauen und Männern, Risiken einzugehen, um ihr mögliches Einkommen zu erhöhen. Da derartige Beobachtungen am Markt meist mit verzerrenden Einflüssen verbunden sind, bedienen sich Ökonomen hierbei gerne verschiedener Experimente. In diesem Kapitel sollen anhand dreier experimenteller Versuchsanordnungen Erkenntnisse darüber gewonnen werden, ob das im vorigen Teil beschriebene geschlechtsspezifische Einkommensgefälle teilweise dadurch begründet sein könnte, dass Frauen und Männer unterschiedliche Risikoneigungen haben.

3.1 Vergleich zweier ethnisch verschiedener Kulturen

Als Einstieg dient eine Gegenüberstellung zweier traditionell sehr unterschiedlich ausgeprägter Gesellschaften. Zum einen die Khasi, ein matrilinealer Stamm in Indien, und zum anderen die Maasai, eine patriarchalische Population Tansanias.[14]

3.1.1 Die beiden Bevölkerungsgruppen

Der Alltag der Khasi konzentriert sich vorwiegend auf das Geschehen des Mutterhauses. Matrilinealität und –lokalität bestimmen das Leben dieses indischen Volkes. So richtet sich die Vererbung und Mitgliedschaft eines Klans nach den weiblichen Vorfahren und Frauen haben gegenüber Männern eine weitaus höhere Autorität. Sie wechseln nie in den Haushalt des Mannes, dagegen ist es durchaus üblich, dass Männer zu ihren Frauen ziehen oder gar nur zu Besuch kommen. Die Großmutter stellt die Anführerin der Sippe dar und lebt mit ihren unverheirateten Töchtern zusammen, in jedem Fall aber auch mit ihrer jüngsten Tochter, die das Elternhaus nie verlässt und später einmal selbst Anführerin des Klans wird. Andere ältere Töchter gründen meist selbst einen Haushalt in der näheren Umgebung. Männer treffen bei den Khasi in der Regel keine wichtigen Entscheidungen, haben auch kaum Eigentumsrechte und arbeiten ausschließlich für das Vermögen der Frau.

---

[14] Vgl. zu Kapitel 3.1: Gneezy et al. (2008)

Patrilinealität, das Pendant zur eben beschriebenen matrilinealen Lebensweise, kennzeichnet dagegen die Kultur der Maasai. Die nomadenähnliche Bevölkerung Tansanias schreibt den Männern, meist Viehhirten, eine sehr dominante Rolle zu. Ihre Rinder stellen für sie das höchste Gut dar, stehen oft noch vor Frau und Kindern, und verschaffen ihren Besitzern gesellschaftliche Anerkennung. Männer heiraten bei den Maasai erst ab etwa 30 Jahren und sind um einiges älter als ihre Ehefrauen. Auch beschränken sie sich nicht nur auf eine Frau, Polygamie ist bei dem ostafrikanischen Volk weit verbreitet. Für den Mann haben außerdem Söhne einen viel höheren Stellenwert als Töchter und was die Bildung angeht, werden Frauen im Vergleich zu Männern weniger gefördert.

Auch wenn rein matrilineale und patrilineale Gesellschaften heute kaum mehr anzutreffen sind und vergleichsweise geringe Bevölkerungszahlen aufweisen, zeigt dieses Experiment, dass kulturelle Gewohnheiten einen starken Einfluss auf die Risikobereitschaft von Frauen und Männern haben können.

3.1.2 Der Aufbau des Experiments

Bei beiden Volksgruppen wird das gleiche Experiment durchgeführt. Insgesamt 155 Teilnehmer bekommen die identischen Instruktionen, die zur Kontrolle auch nochmals aus der jeweiligen Sprache rückübersetzt wurden. Zunächst werden die Anwesenden zufällig in zwei Gruppen aufgeteilt und diese dann strikt voneinander getrennt. Um geschlechtsspezifische Effekte vorab zu vermeiden, leitet ein männlicher und ein weiblicher Experimentator den Versuch und auch das Verhältnis von Frauen zu Männern in jeder Gruppe ist identisch.

Die Aufgabe besteht darin, einen Tennisball in einen drei Meter entfernten Behälter zu werfen. Dazu hat jeder Teilnehmer zehn Versuche und ein Wurf gilt nur dann als erfolgreich, wenn der Ball auch im Behälter liegen bleibt. Diese relativ einfache Versuchsanordnung, bei der nur Unterhandwürfe erlaubt sind, wurde gewählt, da sie sehr einfach zu erklären ist und bezüglich der Wurffertigkeiten kein Geschlecht benachteiligt sein sollte. Nacheinander wird aus jeder Gruppe jeweils ein Werfer aufgerufen und beide Teilnehmer führen das Experiment getrennt voneinander durch.

Anschließend folgt die Ausbezahlung der Probanden, wobei sie hier schon vor ihren Würfen zwischen zwei Optionen wählen müssen. Zum einen können sie sich für eine leistungsabhängige Bezahlung entscheiden und erhalten pro erfolgreichem Wurf den Betrag X. Zum anderen steht ihnen ein anonymer Vergleich mit einem entsprechenden Mitstreiter der anderen Gruppe zur Auswahl. In diesem Fall erzielt ein Teilnehmer den Betrag 3X pro erfolgreichem Wurf, jedoch nur, wenn er insgesamt besser ist als der parallel werfende Wettbewerber. Bei Gleichstand wird, wie bei der ersten Option, die Menge X pro erfolgreichem Wurf bezahlt. Der Geldbetrag X in Schilling bzw. Rupien wird so gewählt, dass er in Tansania bzw. Indien gleichviel wert ist und etwa dem durchschnittlichen Tagesverdienst eines Arbeiters entspricht. Abschließend müssen alle Beteiligten noch verschiedene Angaben zu ihrer Person machen und bekommen dann ihren Verdienst.

3.1.3 Ergebnisse

Nach den ersten Auswertungen lässt sich sagen, dass die in Kapitel 3.1.1 aufgeführten Charaktereigenschaften beider Kulturen auch in diesem Experiment zu beobachten sind. Zudem ist ersichtlich, dass bei den Maasai im Schnitt Männer mehr verdienen als Frauen. Ein umgekehrtes Bild zeigt sich bei den Khasi. Tabelle 3.1 stellt einen Zusammenhang zwischen der Wahl der Bezahlung und dem Erfolg der Teilnehmer her. Die angegebenen Zahlen sind dabei Durchschnittswerte, in Klammern stehen die dazugehörigen Standardabweichungen. Als erste Erkenntnis fällt auf, dass sich bei dem Experiment mit den Khasi zehn Prozent mehr Teilnehmer für eine Bezahlung durch einen Wettstreit entschieden haben. Analog zu dem gesellschaftlichen Status von Frauen in der jeweiligen Volksgruppe, wählten bei den Maasai deutlich weniger Frauen die Wettbewerbsbezahlung und bei den Khasi erheblich mehr weibliche Teilnehmer, sogar noch öfter als Maasai-Männer. Die Trefferquote bei den Würfen (Erfolg) weist keine Besonderheiten auf und liegt bei beiden Stämmen unabhängig vom Geschlecht bei etwa 25%. Bei den Khasi sind es die wettstreitenden Frauen und bei den Maasai die nach Wettbewerb bezahlten Männer, die den höchsten Verdienst und die größte Wahrscheinlichkeit für einen Sieg aufweisen. Aus der Tabelle kann auch entnommen werden, dass sich weibliche Khasi im Vergleich zu weiblichen Maasai im Schnitt vorteilhafter entschieden haben, da ihre Siegwahrscheinlichkeit bei der Bezahlung nach Wettbewerb im Mittel größer ist als bei Bezahlung ohne Konkurrenz, was bei den Maasai nicht der Fall ist.[15] Im Gegenzug treffen männliche Maasai verglichen mit Khasi-Männern die bessere Wahl.[16] Grundsätzlich kann in dieser sehr groben Aufspaltung keine signifikante Korrelation zwischen Erfolgsrate und Wahl der Bezahlung beobachtet werden. Sicherlich beeinflussen aber noch andere Faktoren wie z.B. Alter, Erziehung oder Gesundheit das Spielverhalten der Akteure und sollten auch kontrolliert werden, um möglichst unverfälschte Ergebnisse zu erzielen.

Tabelle 3.1: Wahl der Bezahlung und Erfolg[17]

	Khasi			Maasai		
	Gesamt	Frauen	Männer	Gesamt	Frauen	Männer
Gesamtes Experiment						
Wettbewerb	0.49	0.54	0.39	0.39	0.26	0.50
	(0.5)	(0.5)	(0.5)	(0.5)	(0.5)	(0.5)
Erfolg	2.38	2.38	2.36	2.78	2.97	2.63
	(1.5)	(1.6)	(1.4)	(1.6)	(1.7)	(1.5)
Verdienst (X)	3.46	3.73	2.96	4.02	3.68	4.33
	(3.9)	(4.2)	(3.3)	(4.3)	(4.0)	(4.5)
# Beobachtungen	80	52	28	74	34	40
Teilnehmer, die sich für Wettbewerb entschieden haben						
Erfolg	2.23	2.25	2.18	2.69	2.33	2.85
	(1.5)	(1.5)	(1.5)	(1.6)	(2.2)	(1.3)
Sieg-Remis-Niederlage	16-14-9	13-10-5	3-4-4	14-13-2	3-6-0	11-7-2
(Siegwahrscheinlichkeit)	(41%)	(46%)	(27%)	(48%)	(33%)	(55%)
Verdienst (X)	4.46	4.75	3.72	5.86	5.00	6.25
	(5.2)	(5.3)	(5.0)	(6.2)	(7.7)	(5.6)
Teilnehmer, die sich nicht für Wettbewerb entschieden haben						
Erfolg	2.51	2.54	2.47	2.84	3.20	2.40
	(1.5)	(1.6)	(1.4)	(1.6)	(1.4)	(1.7)
Sieg-Remis-Niederlage	18-20-3	11-11-2	7-9-1	19-18-8	9-9-7	10-9-1
(Siegwahrscheinlichkeit)	(43%)	(45%)	(41%)	(42%)	(36%)	(50%)
Verdienst bei alternativer	4.95	5.42	4.29	5.42	5.60	5.20
Wahl der Bezahlung (X)	(5.9)	(6.2)	(4.3)	(6.2)	(6.2)	(6.3)

In einer Regression, deren Ergebnisse in Tabelle 3.2 zu finden sind, werden die obigen Feststellungen teilweise nochmals bestätigt. Aufgeteilt sind die Werte

---

[15] Vgl. Siegwahrscheinlichkeiten: 46% > 45% bzw. 33% < 36% für Khasi(♀) bzw. Maasai(♀)
[16] Vgl. Siegwahrscheinlichkeiten: 55% > 50% bzw. 27% < 41% für Maasai(♂) bzw. Khasi(♂)
[17] Eigene Tabelle in Anlehnung an Gneezy et al. (2008)

zum einen nach den beiden Kulturen und zum anderen nach dem Umfang der kontrollierten Einflussgrößen. Untersuchung (1) beobachtet jeweils nur die in der linken Spalte aufgeführten geschlechtsspezifischen Effekte auf den Wettbewerb. Spezifikation (2) nimmt außerdem noch die Ausprägungen Alter, Bildung und Einkommen hinzu. Erweiterung (3) vergrößert diesen Rahmen zusätzlich um die Charakteristiken Familienstand, Art der Arbeit und Beziehung zum Familienoberhaupt. Aus den Daten für die einzelnen Gesellschaften kann man entnehmen, dass bei den Khasi Frauen wesentlich öfter wettstreiten als Männer. Während der Wert für die sehr grobe Einteilung (1) noch nicht signifikant ist, ändert sich dies aber mit zunehmender Kontrolle der beeinflussenden Größen ($p<.07$). Umgekehrtes gilt für die Maasai. Hier ziehen mehr Männer die Bezahlung nach Wettbewerb vor und die Signifikanz der Messwerte geht lediglich bei Modell (3) verloren (ansonsten $p<.05$).

Tabelle 3.2: Ergebnisse der Regression[18]

	Gesamt			Khasi			Maasai		
	(1)	(2)	(3)	(1)	(2)	(3)	(1)	(2)	(3)
Weiblich	-0.25	-0.29	-0.32	0.15	0.24	0.24	-0.24	-0.29	-0.27
	(0.12)	(0.13)	(0.15)	(0.11)	(0.13)	(0.13)	(0.12)	(0.12)	(0.18)
Khasi	-0.11	-0.14	-0.15	-	-	-	-	-	-
	(0.12)	(0.13)	(0.14)						
Khasi (Weiblich)	0.39	0.43	0.46	-	-	-	-	-	-
	(0.17)	(0.17)	(0.19)						
Männlicher Experimentator	0.007	-0.02	-0.03	0.08	0.19	0.18	-0.07	-0.16	-0.21
	(0.08)	(0.08)	(0.08)	(0.11)	(0.12)	(0.12)	(0.12)	(0.12)	(0.13)
Konstante	-0.003	-0.03	-0.09	-0.14	-0.36	-0.34	0.03	0.14	-0.03
	(0.09)	(0.17)	(0.20)	(0.11)	(0.20)	(0.27)	(0.09)	(0.26)	(0.31)
# Beobachtungen	154	151	151	80	80	80	74	71	71

Hinweis: Probit-Modell; die abhängige Variable ist „Wahl für Wettstreit" und nimmt, analog zu den anderen Dummy-Variablen, den Wert 1 an, falls sich ein Teilnehmer für die Bezahlung nach Wettbewerb entscheidet, ansonsten den Wert 0.

---

[18] Eigene Tabelle in Anlehnung an Gneezy et al. (2008)

Auch bei den kumulierten Daten zeichnet sich ein ähnliches Bild ab und wieder sind die Größen sowohl für die Faktoren „Weiblich" als auch für „Khasi (Weiblich)" signifikant. Was jedoch die Variablen Alter, Bildung und Einkommen angeht, kann bei keiner Beobachtung eine signifikante Korrelation festgestellt werden, weswegen die Werte in der Tabelle auch nicht aufgeführt sind. Das Geschlecht des Experimentators hat teilweise Auswirkungen auf das Verhalten der Volksgruppen. So entscheiden sich (mit geringer Signifikanz) etwa 18% mehr Teilnehmer der Khasi und 21% weniger Probanden der Maasai (signifikant) für eine wettbewerbsabhängige Bezahlung, wenn der Experimentator männlich ist.

3.1.4 Robustheitstests

Ein Problem bei der Durchführung des Experiments könnte durchaus die ungleiche Zahl an Männern und Frauen bei beiden untersuchten Tests sein. Zwar wurde stets darauf geachtet, dass die paarweise antretenden Gegenspieler aus beiden Gruppen anonym gehalten werden. Jedoch wäre es möglich, dass die Teilnehmer aus ihrer eigenen Gruppenzusammensetzung auf die der anderen schließen könnten, was die Ergebnisse verfälschen würde. Um einen derartigen Effekt zu überprüfen, warfen Gneezy et al. einen Blick auf das Geschlecht der direkten Vorgänger bzw. Nachfolger der einzelnen Werfer und verglichen dies dann mit der Wahl der Bezahlung des Teilnehmers. Sie kamen unter anderem zu dem Schluss, dass die Bereitschaft für einen Wettstreit mit zunehmenden Männeranteil in der Gruppe, wenn auch nur teilweise signifikant, sinkt und Frauen es bevorzugen, mit anderen Frauen zu konkurrieren.

Bei der gegebenen Auszahlungsstruktur sollten normalerweise alle Teilnehmer, die ihre Siegwahrscheinlichkeit auf mindestens 33% schätzen, an dem Wettbewerb teilnehmen. Tabelle 3.1 zeigt aber, dass sich viele Werfer risikoavers verhalten und den sicheren Weg gehen. Da auch die Risikoneigung bei der individuellen Entscheidung eine wichtige Rolle spielt, wurde diese in einem weiteren Teil näher untersucht. Dazu wurden aus beiden Kulturen Versuchspersonen ausgewählt und mit 100 Geldeinheiten, die jeweils einer Bezahlung von zwei erfolgreichen Würfen entspricht, ausgestattet.

Um Mischeffekte zu vermeiden, durften diese Personen nicht am Wurfexperiment teilgenommen haben. Anschließend sollten sie sich überlegen, wie viel sie davon für eine Lotterie ausgeben wollen, der Rest war ihnen auf jeden Fall sicher. Nun wurde eine Münze geworfen und bei Kopf verdreifachte sich der Einsatz der Spieler, bei Zahl haben sie das Investment verloren. Das grundlegende Ergebnis dieses Tests war, dass die Teilnehmer der Khasi mit etwa 85% der Anfangsausstattung deutlich mehr für das riskante Investment ausgeben als die Maasai mit rund 60%. Jedoch sind keine signifikanten Geschlechterunterschiede innerhalb der beiden Gesellschaften zu beobachten.

3.1.5 Abschließende Bemerkungen

Dieses Experiment anhand zweier sehr spezieller Versuchsgruppen zeigt, dass kulturelle Gegebenheiten einen starken Einfluss auf die Wettbewerbsfähigkeit und Risikobereitschaft von Individuen haben können und es keineswegs die Frau sein muss, die den Konkurrenzkampf meidet. Auch für die Wirtschaft oder Politik kann dies von großer Bedeutung sein. Die hier gewonnenen Erkenntnisse sollten aber ohne weitere Untersuchungen nur unter Vorbehalt verwendet werden, da bei beiden Volksgruppen noch weitere komplexe Faktoren und Korrelationen untereinander berücksichtigt werden müssen. Je nach Versuchsanordnung und äußeren Umständen können außerdem verschiedene Experimente zu anderen Schlussfolgerungen kommen.

3.2 Das Verhalten von Frauen und Männern im Wettstreit

Anknüpfend an die bisherigen Ergebnisse soll ein weiterer Test die Beschränkung auf sehr spezielle Kulturen aufheben und die beschriebene Problematik generell auf Frauen und Männer ausweiten. Niederle und Vesterlund greifen zuerst einige der in Kapitel 2.1 dargelegten Gründe für das geschlechtsspezifische Lohngefälle auf, werfen den Fokus dann aber verstärkt auf weitere Themen wie Risikobereitschaft oder relative Selbsteinschätzung.[19]

---

[19] Vgl. zu Kapitel 3.2: Niederle und Vesterlund (2005)

3.2.1 Der Aufbau des Experiments

Die insgesamt 80 Teilnehmer an der Universität Pittsburgh bekommen die Aufgabe, verschiedene Serien von jeweils fünf zweistelligen Zufallszahlen nur mit Stift und Papier aufzuaddieren. Geschlechtsspezifische Unterschiede bezüglich der mathematischen Fähigkeiten auf diesem Niveau sind wie bei der letzten Versuchsanordnung auch hier nicht zu erwarten. In den folgenden vier Durchgängen, die sich vorwiegend durch die Art der Ausbezahlung unterscheiden, sollen die Probanden versuchen, in fünf Minuten so viele Rechenaufgaben wie möglich zu lösen. Dazu werden sie in Gruppen mit jeweils zwei Frauen und zwei Männern eingeteilt. Nach jeder Runde werden die Teilnehmer über die Anzahl ihrer richtigen Lösungen informiert, bekommen jedoch keine Auskunft über ihre Leistung im Vergleich zu anderen Gruppenmitgliedern. Für die tatsächliche Auszahlung ist am Ende nur eine der vier Aufgabenstellungen relevant, die zufällig ermittelt wird.

Die Bezahlung des ersten Durchgangs entspricht von der Art her einem Stücklohn. Pro richtig beantworteter Aufgabe erhalten die Teilnehmer 50 Cent. Bei der zweiten Runde, in Form eines Turniers, erzielt nur der Wettstreiter mit den meisten richtigen Antworten innerhalb einer Gruppe eine Auszahlung. Der Gruppensieger bekommt 2$ pro richtiger Antwort, die anderen Gruppenmitglieder gehen dagegen leer aus. Sollte es mehrere Gewinner geben, entscheidet das Los.

Vor Durchführung der dritten Runde muss sich jeder Teilnehmer entweder für die leistungsabhängige Bezahlung vom Beginn oder den eben beschriebenen Wettbewerb entscheiden. Bei der Wahl für die Turnierform werden hier jedoch die Ergebnisse eines Wettbewerbers mit den Ergebnissen der anderen drei Gruppenmitglieder aus der zweiten Runde gegenübergestellt. Dies hat den Vorteil, dass zum einen unabhängig von der Wahl der anderen Teilnehmer einer Gruppe jeweils Werte aus einer Turniersituation miteinander verglichen werden. Zum anderen beeinflusst die Entscheidung der einzelnen Gruppenmitglieder weder die Wahl der anderen Beteiligten noch deren Bezahlung.

Ein letzter Durchgang soll Klarheit darüber bringen, ob es nach Eliminierung aller turnierspezifischen Umstände dennoch einen Unterschied zwischen den Geschlechtern bezüglich der Wahl der Bezahlung gibt. Hierbei müssen die

Teilnehmer keine Rechenaufgaben mehr lösen. Als Grundlage zum Vergleich dienen die Erfolge aus der ersten Runde, die ihnen auch nochmals vor Augen gehalten werden. Sie müssen sich lediglich für eine der beiden Auszahlungstypen entscheiden.

Abschließend sollen noch Erkenntnisse über die einzelnen Selbsteinschätzungen der Teilnehmer gewonnen werden. Dabei wird jeder aufgefordert, seine Platzierung für die ersten beiden Runden innerhalb seiner Gruppe zu erraten. Pro korrekter Antwort erhöht sich die gesamte Auszahlung des Teilnehmers um 1$.

3.2.2 Einfluss der Leistungsfähigkeit auf die Wahl der Bezahlung

Zunächst liefern die Ergebnisse der Auswertung für die ersten beiden Durchläufe keinen signifikanten geschlechtsspezifischen Unterschied bei der Anzahl der richtig beantworteten Fragen. Dies gilt sowohl für die Akkordbezahlung[20] als auch für die Turnierform[21]. Jedoch lässt sich sagen, dass sowohl Frauen als auch Männer unter Turnierbedingungen etwa 1.5 Aufgaben zusätzlich korrekt lösen ($p<.01$). Hierbei könnte sowohl der Lerneffekt als auch das Anreizsystem eine Rolle spielen. Daraus ergibt sich eine für Frauen und Männer relativ gleiche Gewinnwahrscheinlichkeit für die zweite Versuchsrunde. Basierend auf diesen Informationen sind im Hinblick auf die Wahl der Bezahlung im dritten Durchgang normalerweise keine Abweichungen zwischen den Geschlechtern zu erwarten. Dass dem aber doch so ist, zeigt ein deutlich signifikanter Unterschied ($p<.001$) bei den Anteilen an Frauen (35%) und Männern (73%), die sich für das Turnier entschieden haben.

Ein bedeutender Einfluss der Leistung bzw. der Leistungssteigerung der Teilnehmer in den ersten beiden Runden auf die Wahl der Vergütung im dritten Durchgang ist nicht feststellbar. Es deutet vielmehr auf eine geschlechtsbedingte Differenz hin. Abbildung 3.1 gibt zu verstehen, dass sich unabhängig vom betrachteten Leistungslevel signifikant mehr Männer für die wettbewerbsabhängige Bezahlung entscheiden als Frauen.

---

[20] Durchschnittlich gelöste Aufgaben: Frauen 10.15, Männer 10.68

[21] Durchschnittlich gelöste Aufgaben: Frauen 11.8, Männer 12.1

Dieser Unterschied nimmt mit dem Leistungsniveau zu. Auffällig ist auch, dass die besten Frauen seltener den Wettstreit wählen als die schlechtesten Männer.

Abbildung 3.1: Anteil an Teilnehmern, die sich für Turnier entscheiden (nach Leistungs-Quartilen)[22]

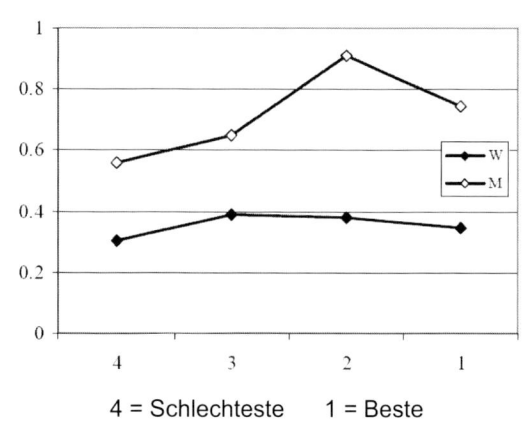

4 = Schlechteste   1 = Beste

Umgekehrt stellt sich die Frage, ob die Wahl der Bezahlung vor der dritten Aufgabenstellung den Erfolg der Teilnehmer in dieser Runde beeinflusst. Aber auch hier ergibt sich das gleiche Bild. Frauen wählen in allen Leistungsklassen seltener das Turnier als Männer und es ergeben sich keine signifikanten Unterschiede für diejenigen, die sich für oder gegen den Wettbewerb entschieden haben. Es ist im dritten Versuch lediglich bei den Männern ein im Vergleich zum zweiten Durchgang geringer Anstieg an richtig gelösten Rechnungen auszumachen.

Zusammenfassend lässt sich feststellen, dass sich weder nur besonders leistungsfähige Teilnehmer für den Wettbewerb entscheiden, noch sind Versuchspersonen nach der Turnierwahl überdurchschnittlich erfolgreich.

3.2.3 Einfluss der relativen Selbsteinschätzung auf die Wahl der Bezahlung

Wie anfangs geschildert erhalten die Teilnehmer zu keinem Zeitpunkt Informationen über ihre relative Platzierung innerhalb der Gruppe. Somit könnten unterschiedliche Einschätzungen über den eigenen Rang die Turnierwahl durchaus beeinflussen. Um diesen Sachverhalt zu überprüfen wurden die Probanden wie beschrieben zum Schluss nach ihrer persönlichen Beurteilung gefragt. Die Ergebnisse sind in Tabelle 3.3 zu finden. Im Vergleich mit der tatsächlichen

---

[22] Quelle: Niederle und Vesterlund (2005)

Verteilung differieren die geratenen Werte bei beiden Geschlechtern sehr signifikant. Genauso wie die geschätzten Ränge (p<.025) unterscheiden sich auch die falsch geratenen Platzierungen (p<.015) zwischen Männern und Frauen mit hoher Signifikanz. 75% der Männer und 43% der Frauen glauben an einen Turniersieg, dabei überschätzen sich beide.

Tabelle 3.3: Verteilung der geschätzten Platzierungen[23]

Rang	Männer		Frauen	
	geschätzter Rang	falscher Tip	geschätzter Rang	falscher Tip
1: Bester	30	22	17	9
2	5	3	15	10
3	4	2	6	5
4: Schlechtester	1	1	2	1
Gesamt	40	28	40	25

Nach einer weiteren Regression wird deutlich, dass ein höherer Erfolg im Turnier zu einer gesteigerten Selbsteinschätzung führt, Frauen jedoch bezüglich ihrer Platzierung weniger optimistisch sind als Männer.

Schließlich zeigt Abbildung 3.2 den Zusammenhang zwischen geschätztem Rang und der Wahl für den Wettbewerb. Je besser sich die Teilnehmer einschätzen, desto wahrscheinlicher entscheiden sie sich auch für das Turnier, was für Männer in größerem Ausmaß gilt als für Frauen.

Abbildung 3.2: Anteil an Teilnehmern, die sich für Turnier entscheiden (nach Quartilen bezüglich der geschätzten Platzierung)[24]

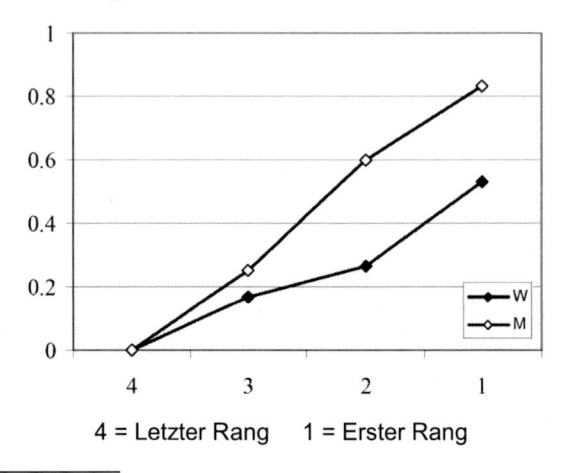

---

[23] Eigene Tabelle in Anlehnung an Niederle und Vesterlund (2005)
[24] Quelle: Niederle und Vesterlund (2005)

3.2.4 Turnierspezifische Faktoren

Neben den bisher beschriebenen Effekten sind noch weitere Einflüsse auf das Verhalten von Versuchspersonen zu untersuchen. So könnte sich beispielsweise allein schon die Tatsache, dass sie unter Wettbewerbsbedingungen agieren müssen, bei Frauen negativ auf die Psyche auswirken. Gilt Umgekehrtes für die Männer, so wäre ein Teil des geschlechtsspezifischen Unterschieds bei der Wahl in Runde 3 erklärt.

Auch die Risikoaversion von Männer und Frauen spielt dabei eine große Rolle, da die Wahl des Turniers immer auch mit unsicheren Zahlungen verbunden ist. Wirft man jedoch einen Blick auf die teilweise gravierenden Unterschiede bei der Wahl der Vergütung, so müssten die Risikoneigungen von Frauen und Männern stark voneinander abweichen, wenn allein diese die Differenzen zwischen den Geschlechtern erklären sollen.

Außer den zuvor diskutierten Unterschieden bei den einzelnen Selbsteinschätzungen, könnten Frauen grundsätzlich eine negative Einstellung zu Rückmeldungen über ihre relative Platzierung haben. Verschieden ausgeprägtes Selbstbewusstsein und Unsicherheiten darüber, ob die vermuteten Ränge innerhalb der Gruppe tatsächlich stimmen, sind ebenfalls zu beachten.

Ein weiterer wichtiger Punkt ist die Prognose der zukünftigen Leistung anhand des bisher beobachteten Erfolgs. Frauen neigen möglicherweise dazu, vergangene Ergebnisse weniger stark als Vorhersagemittel zu verwenden, während Männer an eine kontinuierliche Steigerung ihres Outputs glauben.

Sicherlich ist einleuchtend, dass es sehr schwierig sein kann, alle Einflussgrößen im Zusammenhang mit wettbewerbsähnlichen Gegebenheiten zu kontrollieren und nie alle turnierspezifischen Faktoren eliminiert werden können.

3.2.5 Wahl der Bezahlung ohne Turniercharakter

Die vierte Aufgabenstellung soll versuchen, jeglichen Wettbewerbscharakter zu verdrängen. Wieder müssen sich die Teilnehmer für eine der beiden Bezahlungen entscheiden. Danach folgen jedoch keine weiteren Rechnungen mehr, da die Werte aus dem ersten wettbewerbsunabhängigen Durchgang zum Vergleich herangezogen werden. Trotz alledem wählen erneut signifikant weniger Frauen (25%) als Männer (55%) die Turnierform.

Analog zu den bisherigen Ausführungen kann auch bei dieser Konstellation die Leistung der Teilnehmer nicht den geschlechtsbedingten Unterschied bei der Wahl der Bezahlung erklären. Allein die Erfolge der ersten Runde korrelieren positiv mit der Turnierwahl der Männer und für die erfolgreichsten Frauen und Männer des ersten Durchgangs sind die Differenzen am größten, wobei Männer deutlich öfter wettstreiten.

Untersuchungen bezüglich der relativen Selbsteinschätzung liefern ebenfalls keine neuen Auffälligkeiten. Wieder bewerten erfolgreichere Teilnehmer der ersten Anordnung ihre Leistung im Vergleich zu anderen besser, beide Geschlechter sind zu selbstbewusst und Frauen etwas weniger optimistisch. Im Hinblick auf die Wahl der Vergütung entscheiden sich selbstbewusstere Frauen und Männer öfter für die Wettbewerbsform. Ergebnisse einer weiteren Regression lassen darauf schließen, dass etwa 60% des geschlechtsspezifischen Unterschieds bei der Wahl der Bezahlungsart auf zwischen Frauen und Männern verschiedenartig ausgeprägte Meinungen über ihre relative Leistungsfähigkeit zurückzuführen ist.

Obwohl die beobachtete Ungleichverteilung nun teilweise erklärt werden kann, bleibt ein immer noch nicht geringer Anteil unbegründet. Dieser könnte mit grundlegenden Verhaltensmustern von Frauen und Männern, die nicht nur unter Wettbewerbsbedingungen entstehen, einhergehen. So gewinnen Niederle und Vesterlund in zusätzlichen Regressionen unter anderem die Erkenntnis, dass sich sehr selbstbewusste Teilnehmer, unabhängig von ihrer Leistung, in der dritten Runde öfter für das Turnier entscheiden, wenn sie dies auch im vierten Durchgang getan haben.

3.2.6 Abschließende Bemerkungen

Auch wenn ein beachtlicher Teil des Geschlechterunterschieds bei der Wahl des Auszahlungsschemas durch turnierspezifische und generelle Charakterzüge von Frauen und Männern erklärt werden kann, lässt sich über die Gründe für den restlichen Anteil nur spekulieren. Fest steht, dass die Leistungsfähigkeit dabei keine Rolle spielt und sich Männer im Verhältnis zu ihrem Erfolg zu oft für den Wettbewerb entscheiden, während Frauen dies zu selten tun.

3.3 Die Wahl der Vergütung bei fixer Alternativzahlung

Ein drittes Experiment mit ebenfalls mathematischem Hintergrund untersucht das Verhalten von Frauen und Männern in ähnlicher Weise wie die beiden vorigen Versuche. In einem mehrstufigen Prozess überprüfen Dohmen und Falk, ob Entscheidungen der Teilnehmer von Faktoren wie Produktivität, Risikoaversion, Selbsteinschätzung oder Geschlecht abhängen. Anders als bei den ersten zwei Tests steht den Probanden in dieser Versuchsanordnung neben einer variablen Bezahlung eine fixe Vergütung zur Auswahl.[25]

3.3.1 Der Aufbau des Experiments

Über einen Computer werden die insgesamt 360 Teilnehmer der Universität Bonn dazu aufgefordert, einstellige mit zweistelligen Zahlen zu multiplizieren. Um zu vermeiden, dass Ergebnisse geraten werden oder solange weitergeklickt wird, bis eine einfachere Rechnung erscheint, erscheint die nächste Aufgabe erst, wenn die richtige Lösung eingegeben wurde. Analog zur Summation sollten auch bei der Multiplikation keine geschlechtsspezifischen Leistungsunterschiede bemerkbar sein. Das Experiment erstreckt sich über 12 Arbeitsschritte (siehe Tabelle 3.4) und nach jedem Rechenteil werden die Teilnehmer über die Anzahl der richtigen Antworten informiert.

Tabelle 3.4: Der Aufbau des Experiments[26]

Runde	Untersuchung	Aufgabenstellung
1	Leistungsindikator 1	Rechenaufgabe schnellstmöglich lösen
2	Leistungsindikator 2	Analog Runde 1, jedoch bezahlt
3	Leistungsindikator 3	5 Min. Arbeitszeit, 10 Pkte. pro richtiger Antwort
4	Anstrengung	Fragen zu Aufwand, Stress und Erschöpfung
5	relative Selbsteinschätzung	Wie viele Teilnehmer waren besser?
6	**Wahl der Bezahlung**	Stücklohn, Turnier, Einnahmeaufteilung, Fixzahlung
7	Wahl bei alternativen Fixzahlungen	Antwort bei Variation des Fixbetrages
8	Ausführung Runde 6	10 Min. Arbeitszeit, Bezahlung nach Wahl aus Stufe 6
9	Anstrengung	Fragen zu Aufwand, Stress und Erschöpfung
10	Soziale Präferenzen	Zweiseitiges Vertrauensspiel
11	Risikoneigung	Wahl einer Lotterie oder Fixzahlung
12	Weitere Fragen	Risikopräferenzen, Charakter, Schulabschluss

---

[25] Vgl. zu Kapitel 3.3: Dohmen und Falk (2011)
[26] Eigene Tabelle in Anlehnung an Dohmen und Falk (2011)

Aus den ersten drei Runden sollen Indikatoren für die Produktivität der Teilnehmer gewonnen werden. Zuerst gilt es, eine Rechenaufgabe in möglichst kurzer Zeit zu beantworten. Die Dauer bis zur richtigen Eingabe bestimmt den ersten Leistungsindikator. Gleiches gilt für den zweiten Indikator, nur dass die Testpersonen jetzt ausbezahlt werden. Eine gegebene Anfangsausstattung von 150 Punkten verringert sich bis zur Eingabe der korrekten Antwort jede Sekunde um 5 Einheiten. Indikator 3 ergibt sich aus der Anzahl an richtigen Lösungen während einer fünfminütigen Antwortzeit. Dabei bearbeiten alle Teilnehmer die gleichen Rechnungen in der gleichen Reihenfolge und erhalten pro gelöster Aufgabe 10 Punkte.

In Schritt 4 werden die Probanden nach ihrem empfundenen Aufwand, Stress und Erschöpfung bezüglich der dritten Runde befragt. Sie können hierfür Werte zwischen 1 (überhaupt nicht) und 7 (sehr viel) angeben.

Runde 5 soll festhalten, wie die 20 Konkurrenten einer Gruppe ihre Leistung in der dritten Stufe im Verhältnis zu den anderen Mitstreitern einschätzen. Dazu sollen sie die Anzahl an Wettbewerbern erraten, die ihrer Meinung nach mehr Aufgaben richtig lösen konnten. Im Falle einer korrekten Schätzung, erhöht sich das Auszahlungskonto des Teilnehmers um 100 Punkte, bei einer Abweichung von ± 1 um 50 Punkte. Jedoch wurden während des ganzen Experiments Testpersonen nicht über ihre relativen Erfolge informiert.

Anschließend müssen sie in Stufe 6 die Bezahlung für die kommende Aufgabenrunde bestimmen. Zur Wahl stehen eine fixe und eine variablen Art der Vergütung, zusammengefasst in Tabelle 3.5.

Tabelle 3.5: Mögliche Wahl der Bezahlung in Runde 6[27]

Art der Bezahlung		Auszahlung
fix		400 Pkte. unabhängig von der erbrachten Leistung
variabel	Stücklohn	10 Pkte. pro richtiger Antwort
	Turnierform	1300 Pkte., falls die eigene Leistung die eines zufällig bestimmten Mitstreiters übertrifft, ansonsten 0 Pkte. Bei Gleichstand entscheidet das Los
	Einkommensaufteilung	10 Pkte. pro durchschnittlich richtig gelöster Aufgabe, dabei ist der Mittelwert zwischen der eigenen Leistung und der eines zufällig bestimmten Partners zu bestimmen

Hinweis: Bei der Turnierform und Einnahmeaufteilung wird der zufällig ermittelte Konkurrent aus denjenigen Teilnehmern gezogen, die ebenfalls die jeweilige Art der Bezahlung gewählt haben

---

[27] Eigene Tabelle in Anlehnung an Dohmen und Falk (2011)

Es kann aber nicht jede der drei variablen Zahlungsmethoden gewählt werden, da immer nur eine davon in jeweils sechs Durchläufen mit stets 20 Personen pro Gruppe angeboten wird.

In Runde 7 geben die Teilnehmer an, für welche Form der Bezahlung sie sich entschieden hätten, wenn die fixe Auszahlung {50, 100, 150, ..., 800} Punkte betragen würde.

Nach einer 10 Minuten andauernden Arbeitsphase in der achten Runde, findet eine Bezahlung nach der in Schritt 6 gemachten Entscheidung statt.

Es schließt sich wieder eine Befragung analog zu Stufe 4 an und in den letzten drei verbleibenden Einheiten werden die persönlichen Charaktereigenschaften der Testpersonen näher untersucht. Runde 10 besteht aus einem Zwei-Personen-Spiel, das aber nicht weiter ausgeführt werden soll, da hierbei keine signifikanten Einflüsse auf die Wahl der Bezahlung zu beobachten sind. Auch die Wahl einer Lotterie in Durchgang 11 wird aufgrund fehlender späterer Verwendung vernachlässigt.

Zum Abschluss sollen die Teilnehmer ihre Risikoneigung zusätzlich auf einer Skala von 0 bis 10 bewerten und Angaben zu ihrer Person sowie schulischer Leistungen machen.

3.3.2 Zusammenhang zwischen Produktivität und Wahl der Bezahlung

Eine bedeutende Feststellung aus den Ergebnissen der achten Runde ist, dass Versuchspersonen, die sich für eine variable Vergütung entschieden haben, stets produktiver sind als fix bezahlte Teilnehmer. Es spielt dabei auch keine Rolle, welche der drei variablen Auszahlungsformen angeboten wurde, der signifikante Unterschied bei den durchschnittlich gelösten Aufgaben von bis zu 100% bleibt überall bestehen. Die im Schnitt kürzere Antwortzeit bei variabler Entlohnung bestätigt dies zusätzlich. Gleiches gilt auch für die ersten drei Leistungsindikatoren aus den Rechenteilen zu Beginn des Experiments.

Der zweite wichtige Punkt ist, dass produktivere Personen, gemessen an den Leistungsindikatoren 1 - 3, öfter die variable Bezahlung bevorzugen. Bei dem Stücklohn sind es 60,8%, bei der Turnierform 50% und bei der Einkommensaufteilung 63,3%.

Mit Erhöhung der Fixzahlung sollte die variable Auszahlungsvariante für immer weniger, aber leistungsfähigere Teilnehmer relevant sein, da mehr Aufgaben gelöst werden müssen, um hier eine höhere Entlohnung zu erzielen. Dass dem auch so ist, liefern Resultate aus der zuvor beschriebenen siebten Runde. Steigt der Fixbetrag, wechseln anfangs die Leistungsschwächsten von der variablen zur fixen Vergütung. Nimmt dieser weiter zu, entscheiden sich jedoch zunehmend bessere Probanden für die feste Auszahlung, was zu einem Anstieg der durchschnittlichen Produktivität in beiden Gruppen führt. Ein derartiges Verhalten lässt sich für alle drei variablen Vergütungsmethoden feststellen.

3.3.3 Bedeutung der relativen Selbsteinschätzung und Risikoneigung

Dargestellt in Tabelle 3.6, erweitert eine Regression die bisherigen Betrachtungen um einige weitere Faktoren. Zuerst bestätigt sie aber den starken Einfluss der Leistung auf die individuelle Wahl der Bezahlung bei allen drei Arten.

Tabelle 3.6: Einflussfaktoren auf Wahl der Bezahlung[28]

	Stücklohn	Turnierform	Einkommensteilung	Variable Bezahlung
Leistungsindikator 3	0.044***	0.018***	0.016***	0.023***
	(0.009)	(0.007)	(0.003)	(0.004)
Risikobereitschaft	0.053***	0.087***	0.008	0.054***
	(0.015)	(0.032)	(0.013)	(0.014)
Relative Selbsteinschätzung	0.003	-0.027*	-0.020	-0.015*
	(0.015)	(0.015)	(0.014)	(0.009)
# Beobachtungen	120	120	120	360

Hinweis: Probit-Modell; je kleiner der Wert bei Relative Selbsteinschätzung ist, desto besser bewertet ein Teilnehmer seine Leistung im Verhältnis zu anderen; *** Signifikant auf dem 1%-Niveau; ** Signifikant auf dem 5%-Niveau; * Signifikant auf dem 10%-Niveau

In Runde 5 und 12 konnten Daten ermittelt werden, die Angaben zu Risikobereitschaft und relativer Selbsteinschätzung der Teilnehmer machen. Je risikoaverser eine Versuchsperson ist, desto unwahrscheinlicher wählt sie grundsätzlich eine variable Auszahlung, was speziell für den Stücklohn und die Turnierbezahlung zutrifft. Die unsicherste der drei möglichen Zahlungsmethoden stellt der Wettstreit dar, schließlich kann das Entgelt hier stark variieren und es liegen keine Informationen über den Erfolg des Konkurrenten vor. Passend dazu, weist die relative Selbsteinschätzung auch nur bei dieser variablen Vergütung einen signifikanten Wert auf. Bewertet ein Teilnehmer seine Leistung also vergleichsweise besser, so wählt er auch öfter die Bezahlung nach Wettbewerb. Dohmen und Falk führen außerdem an, dass die Beurteilung der eigenen Leis-

---

[28] Eigene Tabelle in Anlehnung an Dohmen und Falk (2011)

tung auch stark positiv mit den tatsächlichen Platzierungen der dritten Runde korreliert.

3.3.4 Geschlechtsspezifische Unterschiede

Es folgt eine Differenzierung nach dem Geschlecht. Auffallend weniger Frauen (46%) ziehen im Vergleich zu Männern (70%) eine variable Zahlung vor, wobei dieser Unterschied bei dem Stücklohn und der Turnierbezahlung besonders hoch ausfällt. Hierfür könnte es mehrere Gründe geben. Einerseits schneiden Frauen in Runde 3 deutlich schlechter ab als Männer. Andererseits sind sie auch weniger bereit Risiken einzugehen und schätzen ihre Leistungen vergleichsweise schlechter ein als ihre männlichen Mitstreiter. Dohmen und Falk fanden jedoch heraus, dass die Produktivität den beschriebenen Unterschied nicht erklären kann. Es scheint hauptsächlich die zwischen bei Frauen und Männern verschieden ausgeprägte Risikoaversion zu sein, die die geschlechtsspezifische Differenz bei der Wahl der Bezahlung hervorruft.

3.3.5 Marginale Entscheidungen und Anstrengungen während des Tests

Wenn zu erwarten ist, dass ein Teilnehmer bei doppelter Bearbeitungszeit auch zweimal so viele Aufgaben lösen kann wie zuvor, sollte eine Versuchsperson, die in Runde 3 etwa 20 Fragen richtig beantworteten kann, bei der zehnminütigen Rechenphase gerade indifferent zwischen einer variablen und einer fixen Bezahlung sein. Jedoch können diese marginalen Effekte nicht nur an der Produktivität der Probanden gemessen werden, da auch andere Einflüsse auf die individuellen Entscheidungen bestehen. Dohmen und Falk verwenden deshalb zur weiteren Untersuchung die benötigte Zeit, bis sich eine Person auf ein bestimmtes Auszahlungsschema festlegt und setzen voraus, dass sich marginale Teilnehmer bei ihrer Antwort länger Zeit lassen als der Durchschnitt. Für den Stücklohn und die Turnierform zeigt sich, dass indifferente Entscheider die Wahl verstärkt von ihrer persönlichen Risikoneigung abhängig machen. Genauso wie bei den anderen beiden variablen Bezahlungen gilt dies aber nicht für Teilnehmer, deren Erfolg weit von der kritischen Schwelle entfernt ist. Für diese sind beispielsweise bei der Variante mit dem Wettbewerb sowohl die relative Selbsteinschätzung als auch die eigene Leistungsfähigkeit besonders entscheidungsrelevant.

Abschließend sollen noch die Ergebnisse der Befragungen zu Anstrengung, Stress und Erschöpfung aus den Runden 4 und 9 erläutert werden. Wirft man lediglich einen Blick auf die angegebenen Werte für die dritte Aufgabenreihe, so ergibt sich kein signifikanter Unterschied für variabel und fix vergütete Versuchspersonen. Dies ändert sich aber komplett bei der doppelt so langen Bearbeitungszeit in Stufe 8. Zum einen ist bemerkenswert, dass hier Teilnehmer mit egal welcher der variablen Bezahlung stets höhere Anstrengung und Stress ausweisen als diejenigen mit einer Fixzahlung. Zum anderen sind es die gleichen, deren empfundene Bemühungen nach Wahl der Bezahlung signifikant gestiegen sind, während die Belastung für fix vergütete Probanden gesunken ist.

3.3.6 Abschließende Bemerkungen

Im Gegensatz zu den beiden vorigen Experimenten, spielt hier die Produktivität bei der Festlegung eines Zahlungssystems eine weitaus wichtigere Rolle. So entscheiden sich leistungsfähigere Teilnehmer verstärkt für die variable Auszahlung und auch die Risikoaversität sowie relative Selbsteinschätzung beeinflussen die Wahl der Individuen teilweise in erheblichem Ausmaß. Analog zu den bisherigen Erkenntnissen lassen sich auch bei Dohmen und Falk Frauen seltener variabel bezahlen.

4. Schlussbemerkungen

Dass es sowohl in Deutschland als auch auf internationaler Ebene gravierende geschlechtsspezifische Verdienstunterschiede gibt und auch in naher Zukunft weiterhin geben wird, zeigt die anfängliche Analyse. Zum einen sind für Frauen und Männer typische Charakterzüge und zum anderen regionale Gegebenheiten mögliche Erklärungsansätze dafür.

Eine in diesem Zusammenhang schwierig zu messende Größe ist die Risikobereitschaft. In drei Experimenten wurde untersucht, ob diese bei Frauen und Männern unterschiedlich ausgeprägt ist. Zuerst beschrieben Gneezy et al. den Einfluss von kulturellen Aspekten auf die Risikoaversität von Individuen. Dabei zeichnete sich keine Korrelation zwischen Leistung der Teilnehmer und Wahl der Turnierform ab. Sie kamen jedoch zu dem Ergebnis, dass Frauen und Männer in verschiedenem Ausmaß die Bezahlung nach Wettbewerb bevorzugen, konnten dies aber nicht auf geschlechtsspezifische Unterschiede bezüglich Risikoneigung oder Produktivität zurückführen. Auch Niederle und Vesterlund machten ähnliche Beobachtungen. In ihrem Experiment wählten Frauen seltener die turnierspezifische Auszahlung und wiederum hatte weder die Leistung auf die Wahl der Bezahlung noch die Bezahlungsart auf die Leistung der Teilnehmer einen signifikanten Einfluss. Zudem erkannten sie, dass auch die relative Selbsteinschätzung mit der Entscheidung der Teilnehmer korreliert. So bevorzugten selbstbewusstere Probanden öfter den Wettkampf. Die detaillierteste Ausführung von Dohmen und Falk warf weitere Überlegungen auf. Hier hatte erstmals das Können der Versuchspersonen Auswirkungen auf die Wahl der Vergütung. Auf der einen Seite konzentrieren sich produktivere Individuen zunehmend auf das variable Zahlungsmodell, andererseits erzielten variabel bezahlte Personen auch eine vergleichsweise höhere Leistung. Kongruent mit den vorherigen Tests, ließen sich weniger Frauen variabel vergüten, was zu einem großen Teil risikobedingt ist. Signifikante Bedeutung hatte die eigene Leistungsbewertung im Verhältnis zu den Mitstreitern nur bei der sehr unsicheren Zahlungsform mit Turniercharakter.

Es zeigt sich also, dass bei verschiedenen Versuchsanordnungen durchaus andere Einflüsse von einzelnen Faktoren beobachtet werden können und teilweise komplexe Korrelationen die Messungen nicht gerade leichter machen.

Eine Abneigung von Frauen gegenüber wettbewerbsähnlichen auszahlungsrelevanten Umständen scheint sich jedoch durchgängig abzuzeichnen.

In Bezug auf den Arbeitsmarkt kann der beschriebene Effekt die geschlechtsspezifische Lohnlücke noch vergrößern. Wenn Frauen das Risiko öfter meiden als Männer, können sie beispielsweise in Gehaltsverhandlungen oder bei der Besetzung von verantwortungsvollen Stellen nicht den gleichen Erfolg erzielen, wie ihre männlichen Kollegen.

Umso wichtiger ist es, strukturelle Maßnahmen zu ergreifen, um die Chancengleichheit von Frauen zu verbessern. Ein möglicher Ansatzpunkt liegt auf Seiten des Staates. Wenn das Angebot an Kinderbetreuung und Ganztagesplätzen in Deutschland ausgeweitet wird, würden viele Frauen sicherlich gar nicht erst vor die Wahl zwischen Beruf oder Familie gestellt werden. Als weiterer Punkt könnten die Gewerkschaften genannt werden. Transparente Tarifverträge und regelmäßige Leistungs- und Verdienstabgleiche zwischen Frauen und Männern würden die Situation mit Sicherheit verbessern. Des Weiteren sollte es das Ziel jedes Unternehmens sein, Arbeitnehmer unabhängig vom Geschlecht zu entlohnen. Allein schon aus Imagezwecken und um Konflikte und Leistungseinbußen aufgrund mangelnder Motivation, ausgelöst durch ungleiche Bezahlung, zu vermeiden.[29]

Somit bleibt abzuwarten, welche Mittel unsere Gesellschaft aufwendet, um die geschlechtsspezifischen Differenzen zu beseitigen und welche neuartigen Faktoren den bestehenden Einkommensunterschied noch vergrößern. Beispielsweise könnte der berufliche Einsatz von Computern die Lohnlücke schließen.[30]

---

[29] Vgl. zu diesem Abschnitt: BMFSFJ (2009a), BMFSFJ (2009b)
[30] Vgl. hierzu Hübler (2003)

Literaturverzeichnis

Bundesministerium für Familie, Senioren, Frauen und Jugend (2008): Geschlechtsspezifische Lohndifferenzen

Bundesministerium für Familie, Senioren, Frauen und Jugend (2009a): Entgeltungleichheit zwischen Frauen und Männern in Deutschland

Bundesministerium für Familie, Senioren, Frauen und Jugend (2009b):
Fair P(l)ay - Entgeltgleichheit für Frauen und Männer

Deutscher Bundestag (2011), Drucksache 17-5038

Dohmen, T., Falk, A. (2011): Performance Pay and Multi-Dimensional Sorting - Productivity, Preferences and Gender

EG-Vertrag

Eurostat (2011) – Geschlechtsspezifisches Verdienstgefälle
http://epp.eurostat.ec.europa.eu/tgm/table.do?tab=table&init=1&language=de&pcode=tsiem040&plugin=1

Gneezy et al. (2008): Gender Differences in Competition -
Evidence from a Matrilineal and a Patriarchal Society

Grundgesetz für die Bundesrepublik Deutschland

Hübler, O. (2003): Geschlechtsspezifische Lohnunterschiede

Köhn et al. (2007): Die ökonometrische Analyse der Diskriminierung -
Die Blinder-Oaxaca Lohnzerlegung

Niederle, M., Vesterlund, L. (2005): Do Women Shy Away From Competition - Do Men Compete Too Much

Statistisches Bundesamt (2008) : Bruttojahresverdienste 2006 und ihre Verteilung nach Geschlecht
http://www.destatis.de/jetspeed/portal/cms/Sites/destatis/Internet/DE/Content/Publikationen/STATmagazin/VerdiensteArbeitskosten/2008__8/VerteilungVerdienste,templateId=renderPrint.psml

Statistisches Bundesamt (2010) - Verdienstunterschiede zwischen Männern und Frauen